TRAITEMENT

des Bourdonnements, de la Surdité, des Vertiges

PAR

le Courant Galvanique et les Courants de Haute Fréquence

Par les Drs

ZIMMERN et **G. GENDREAU**
Professeur Agrégé
à la Faculté de Médecine de Paris

Communication faite au 38ᵉ Congrès, pour l'Avancement des Sciences tenu à Lille en Août 1909

LA ROCHE-SUR-YON
RAOUL IVONNET, IMPRIMEUR-ÉDITEUR
15, Rue Lafayette

1909

TRAITEMENT
des Bourdonnements, de la Surdité, des Vertiges

PAR

le Courant Galvanique et les Courants de Haute Fréquence

Par les D^{rs}

ZIMMERN   et   G. GENDREAU
Professeur Agrégé
à la Faculté de Médecine de Paris

Communication faite au 38e Congrès, pour l'Avancement des Sciences tenu à Lille en Août 1909

LA ROCHE-SUR-YON
RAOUL IVONNET, IMPRIMEUR-ÉDITEUR
15, Rue Lafayette

1909

TRAITEMENT

DES BOURDONNEMENTS, DE LA SURDITÉ, DES VERTIGES

PAR

Le Courant Galvanique et les Courants de Haute Fréquence

Par les Drs ZIMMERN et G. GENDREAU

Communication faite au 38e Congrès, pour l'Avancement des Sciences tenu à Lille en Août 1909.

Nous avons cru utile de venir rapporter à ce Congrès les résultats de nos travaux sur les Applications de l'Électricité en Oto-Rhino-Laryngologie.

Encouragés par quelques travaux antérieurs, nos recherches ont d'abord porté sur le Traitement des Bourdonnements, de la Surdité et des Vertiges, par le Courant galvanique et les Courants de Haute Fréquence, en application locale, sous forme d'étincelle ou d'effluve.

Nous avons traité la plupart de nos malades par ces sortes de courants. Cependant, nous avons cru utile de traiter entièrement quelques malades, les uns par le Courant galvanique, les autres par la Haute Fréquence, pour nous rendre compte des résultats donnés par chaque méthode.

Pour nos applications de Courant galvanique, nous mettons l'électrode reliée au pôle positif dans la région dorsale ou lombaire, et l'électrode reliée au pôle négatif sur le pavillon de l'oreille.

Pour prolonger cette électrode jusqu'au tympan, nous avons cru utile de remplir le conduit auditif d'eau bouillie, en faisant incliner la tête du malade du côté opposé et en exprimant, à l'entrée du conduit, un petit tampon d'ouate hydrophile imbibé d'eau bouillie. En outre, pour éviter de brûler le pavillon, nous l'avons recouvert d'un tampon d'ouate hydrophile humide, l'électrode étant en contact intime avec ce tampon.

L'intensité moyenne du courant est de 15 à 20 milliampères. Chaque application dure de douze à quinze minutes et a lieu trois fois par semaine.

Pour nos applications d'étincelle condensatrice, nous nous sommes servi d'une toute petite électrode condensatrice, montée sur le manche réglable de Bisserié. Le malade étant assis, nous introduisons notre petite électrode dans le conduit auditif, le plus près possible de la membrane du tympan, et nous projetons, sur le tympan et dans toute la partie interne du conduit, une série d'étincelles qui se détachent à l'extrémité du manchon de verre.

Pour l'effluve, nous adaptons un hérisson petit modèle sur le manche de Bisserié, et nous relions l'autre pôle du résonateur aux mains du malade. Le balai est promené pendant cinq minutes au-devant du conduit auditif, à une distance suffisamment grande pour qu'il ne se produise pas d'étincelles.

Chaque application d'effluve ou d'étincelle dure de quatre à cinq minutes et a lieu trois fois par semaine. Nous constatons, immédiatement après chaque application, une rougeur diffuse de tout le pavillon de l'oreille.

Nous avons traité de cette façon 22 malades, dont 6 atteints d'otite moyenne adhésive, et 16 d'oto-sclérose.

Les 6 malades atteints d'otite moyenne adhésive ne présentaient que des Bourdonnements et de la Surdité.

Les 16 autres malades étaient atteints d'oto-sclérose tympanique ou tympano-labyrinthique caractérisée par de la Surdité et des Bourdonnements : à ces deux symptômes, chez 5 de ces malades, venaient s'ajouter des vertiges.

Ces 5 derniers malades ont d'abord été traités pour leurs vertiges.

par le Courant galvanique, suivant la technique indiquée. Après un nombre de séances variable entre **6 et 10**, les vertiges ont disparu, ainsi que les troubles de la marche.

Nous croyons utile, à ce sujet, de rapporter sommairement leurs observations :

La première malade est une femme de 49 ans, couturière, atteinte de sclérose labyrinthique double, caractérisée par des Bourdonnements, de la Surdité et des vertiges, depuis deux ans.

Depuis le mois de juin 1908, la malade fut obligée de cesser tout travail.

Cette malade fut traitée d'abord par le Courant galvanique :

Première séance : 13 novembre 1908.

A la douzième séance, le 19 décembre, la malade nous dit que les oscillations de la marche ont disparu et qu'elle n'a plus de vertiges.

Le 1er janvier 1909, elle fut reprise de vertiges ; nous lui fîmes deux séances de courant continu, les 4 et 6 janvier ; après quoi la malade resta, du 6 janvier au 25 juillet 1909, sans éprouver de vertiges.

La seconde malade est une femme, âgée de 62 ans, atteinte de sclérose labyrinthique double, plus marquée à droite. Cette malade présentait des vertiges très fréquents, presque journaliers, depuis cinq ans : souvent, ils déterminaient la chute de la malade.

Depuis cinq ans, cette malade a été obligée de cesser tout travail.

Première séance de Courant galvanique : le 17 mai 1909.

Après la septième séance, le 8 juin, la malade ne présente plus de vertiges et voit les oscillations de sa marche disparaître.

Actuellement, sa marche est redevenue normale et la disparition des vertiges persiste (25 juillet).

Le vertige voltaïque, recherché chez cette malade, avant le traitement, a montré que l'inclinaison de la tête se faisait toujours à droite, avec un courant de 8 à 9 milliampères.

Le 22 juin, la recherche du vertige voltaïque a montré que la tête s'inclinait toujours du côté opposé au pôle positif, que ce pôle soit mis à droite ou à gauche, avec un courant de 5 à 6 milliampères.

La troisième malade, âgée de 54 ans, présentait des vertiges depuis trois ans.

Première séance de Courant galvanique : le 7 novembre 1908.

Après la sixième séance, le 25 novembre, les vertiges disparaissent. Nous avons revu cette malade le 25 mai. A cette époque, la disparition des vertiges persistait.

La quatrième malade, âgée de 47 ans, avait des vertiges depuis deux ans et demi.

Première séance : le 23 octobre 1908.

Après la dixième séance, le 30 novembre, les vertiges ne se reproduisent plus et, du 30 novembre 1908 au 10 juin 1909, date à laquelle la malade a été revue, la disparition des vertiges a persisté.

La cinquième malade, âgée de 33 ans, présentait des vertiges depuis huit ans, consécutifs à un traumatisme, la malade, à cette époque, ayant été renversée dans la rue par un cycliste.

Première séance : le 23 novembre 1908.

Après la sixième séance, le 7 décembre, les vertiges disparaissent. Nous avons revu la malade le 28 juillet 1909 ; depuis le 7 décembre, elle n'a éprouvé, dit-elle, que deux ou trois petits étourdissements.

Quant aux Bourdonnements, les résultats ont été moins brillants.

Ils ont disparu chez 5 malades sur 22 ; ils sont devenus faibles, et parfois même à peine perceptibles, chez 9 malades ; enfin, dans 8 cas, ils sont restés aussi intenses qu'au début.

Sur les 5 malades qui ont vu leurs Bourdonnements disparaître, 4 ont été traités uniquement par les Courants de Haute Fréquence, sous forme d'étincelle condensatrice dans le conduit auditif. Le 5ᵉ a été traité par le Courant galvanique et les Courants de Haute Fréquence.

Sur les 9 malades améliorés, 1 a été traité par le Courant galvanique et les 8 autres par le Courant galvanique suivi d'applications de Haute Fréquence.

Enfin, chez les 8 malades non améliorés, nous avons essayé le Courant galvanique, l'effluve et l'étincelle condensatrice de Haute Fréquence, sans obtenir aucune amélioration.

Notons que les 5 malades qui ont vu leurs bourdonnements disparaître étaient presque tous (4 sur 5) des sujets jeunes, ayant de 20 à 30 ans, et ne présentant des Bourdonnements intermittents que depuis quelques années.

Quant à la Surdité, nous avons obtenu une amélioration très marquée chez 10 malades ; dans 4 cas, elle a été moins sensible ; enfin, chez 8 malades, nous n'avons constaté aucune modification.

L'augmentation de l'acuité auditive, constatée par la montre et le diapason, a été marquée, chez ces 10 malades, de la façon suivante :

1ᵉʳ *Malade*. — Traité par le Courant galvanique. — Surdité unilatérale gauche.

Avant le traitement, la montre est entendue à 12 centimètres.

Après la 27ᵉ séance, la montre est entendue à 45 centimètres.

2ᵉ *Malade*. — Traité par le Courant galvanique et Haute Fréquence. — Surdité bilatérale.

Avant le traitement, la montre est entendue à 20 centimètres à droite, à 35 centimètres à gauche.

Après la 31ᵉ séance, la montre est entendue à 35 centimètres à droite, à 70 centimètres à gauche.

3ᵉ Malade. — Surdité bilatérale.

Avant le traitement, la montre est entendue à 5 centimètres à droite, à 20 centimètres à gauche ; le diapason est entendu à 30 centimètres à droite, à 2 mètres à gauche.

Après la 35ᵉ séance, la montre est entendue à 12 centimètres à droite, à 82 centimètres à gauche ; le diapason est entendu à 2 mètres à droite, à 3 m. 50 à gauche.

4ᵉ Malade. — Surdité bilatérale.

Avant le traitement : oreille droite, la montre est entendue à 7 centimètres ; oreille gauche, la montre est entendue à 5 centimètres.

Après la 48ᵉ séance, la montre est entendue à 40 centimètres à droite, à 50 centimètres à gauche.

5ᵉ Malade. — Surdité bilatérale.

Avant le traitement, la montre est entendue à 70 centimètres à droite, à 65 centimètres à gauche.

Après la 34ᵉ séance, la montre est entendue à 90 centimètres à droite, à 80 centimètres à gauche.

6ᵉ Malade. — Malade âgé de 55 ans. Surdité de l'oreille gauche depuis l'enfance ; serait consécutive à une otorrhée. Diminution de l'acuité auditive, à droite, depuis 5 ans.

Avant le traitement, la montre est entendue à 1 centimètre à droite, pas entendue à gauche ; le diapason est entendu à 80 centimètres à droite, pas entendu à gauche.

Après la 56ᵉ séance, la montre est entendue à 45 centimètres à droite, pas entendue à gauche ; le diapason est entendu à 2 m. 50 à droite, à 20 centimètres à gauche.

7ᵉ Malade. — Surdité bilatérale.

Avant le traitement, la montre est entendue à 25 centimètres à droite, à 5 centimètres à gauche.

Après la 30ᵉ séance, la montre est entendue à 70 centimètres à droite, à 30 centimètres à gauche.

8ᵉ Malade. — Surdité unilatérale droite.

Avant le traitement, la montre est entendue à 6 centimètres à droite.

Après la 28ᵉ séance, la montre est entendue à 40 centimètres à droite.

9ᵉ Malade. — Surdité bilatérale.

Avant le traitement, la montre est entendue à 1 centimètre à droite, à 20 centimètres à gauche.

Après la 54ᵉ séance, la montre est entendue à 5 centimètres à droite, à 85 centimètres à gauche.

10ᵉ Malade. — Surdité bilatérale.

Avant le traitement, la montre est entendue à 28 centimètres à droite, pas entendue à gauche.

Après la 44ᵉ séance, la montre est entendue à 80 centimètres à droite, à 1 centimètre à gauche.

Quant à l'amélioration des 4 autres malades, elle a été moins marquée, mais néanmoins assez appréciable, environ de 15 à 20 %.

Enfin, dans 8 cas, malgré un nombre de séances variant entre trente et cinquante, nous n'avons obtenu aucun résultat.

Comment agit le Courant galvanique ? Probablement de deux façons : 1° par action circulatoire, en produisant une vaso-dilatation périphérique intense qui a pour effet de décongestionner le labyrinthe et, par suite, de diminuer la tension labyrinthique ; 2° par action sur les tissus scléreux de l'oreille moyenne. Nous avons pu, en effet, dans trois cas, vérifier cette action sur la membrane du tympan.

Quant à l'action des Courants de Haute Fréquence, elle est plus mal connue. A côté des modifications circulatoires évidentes qui agissent en tant que révulsion, il en est d'autres, peut-être encore mal définies, sur lesquelles nous n'insisterons pas.

En résumé, nous pensons : 1° que l'on doive, chaque fois que l'on se trouve en présence d'un cas de vertige auriculaire, commencer à traiter le malade par le Courant galvanique avant de recourir à tout autre mode de traitement ; 2° quant à la Surdité et aux Bourdonnements, étant donné que ces résultats ont été obtenus chez des malades qui, antérieurement, avaient suivi de nombreux traitements sans aucune amélioration, nous pensons que les applications de Courant galvanique suivies d'applications de Courants de Haute Fréquence peuvent améliorer certains malades, rebelles aux traitements antérieurs.

Pour être véritablement efficace, nous croyons que ce traitement doit être institué dès que le malade présente des Bourdonnements ou dès qu'une diminution de l'acuité auditive est constatée. En effet, les Bourdonnements ont disparu complètement dans les quatre cas où ils étaient intermittents et de date récente ; si, au contraire, ils datent de nombreuses années, s'ils sont liés à des lésions anciennes et très marquées de l'oreille moyenne, il sera très difficile d'obtenir, sinon la disparition complète des bruits, du moins une diminution dans leur intensité. Nos insuccès ont été constatés chez des malades atteints de lésions anciennes, chez lesquels l'épreuve de Gellé était négative, c'est-à-dire ayant une ankylose très marquée de la chaîne des osselets et présentant peut-être même de l'ankylose osseuse.

Le 2 Août 1909.

La Roche. — Imp. Raoul Ivonnet. — 9978

www.ingramcontent.com/pod-product-compliance
Lightning Source LLC
Chambersburg PA
CBHW070438080426
42450CB00031B/2723